JEUNESSE HÉROIQUE
L'HOMME
AUX MILLE
RUSES
par Roger FERRAND

ROGER FERRAND

L'HOMME
AUX MILLES RUSES

Dessins de Marcel TILLARD

COLLECTIONS
FRANCE D'ABORD

EDITIONS HIER ET AUJOURD'HUI

24, Rue Racine, PARIS-6⁰

JEUNESSE HÉROIQUE

Chers Amis lecteurs,

Les textes que « Jeunesse Héroïque » va vous présenter prochainement surprendront peut-être, de prime abord, les habitués de notre Collection. En effet, à côté des récits exaltant l'action patriotique de nos jeunes dans la Résistance et la Reconstruction, vous trouverez, de temps en temps, des sujets relatifs à l'Histoire, aux explorations et découvertes, à la vie des grands savants, aux pays lointains.

Pour créer un monde meilleur dont rêvaient nos héros et nos martyrs, des hommes menèrent et mènent partout un combat acharné dont nous voulons vous faire vivre des épisodes passionnants et variés.

Ecrivez-nous, donnez-nous votre avis sur ce programme au fur et à mesure de nos prochaines parutions.

Et soyez assurés, chers Amis lecteurs, que nous tiendrons compte de vos critiques et suggestions.

« JEUNESSE HEROIQUE »

L'HOMME
aux milles ruses

Le premier des guérilleros

EN CES ANNÉES-LA, le sol de France était parcouru du nord au sud, de l'est à l'ouest, par des armées anglaises qui ravageaient, détruisaient, pillaient nos paysans. Solidement installées, bien armées, nombreuses, riches, il semblait qu'on n'en viendrait jamais à bout...

Les féodaux français, grands seigneurs, avaient commencé la guerre contre l'Anglais. Ils se lançaient à l'attaque des archers anglais, sur leurs chevaux carapaçonnés d'acier, alourdis par leur cuirasse et venaient se briser contre les lignes ennemies qui n'avaient plus qu'à poursuivre leur avantage...

La défaite s'était installée chez les Français.

En 1346, la victoire anglaise de Crécy...

Alors ce fut la débandade...

◆

Au milieu des landes bretonnes, parmi les ajoncs et les bruyères, à une vingtaine de kilomètres de Rennes, s'élevait le château de la Mothe dans un décor de collines dénudées et sauvages. C'est là que, vers les années 1315-1325, on ne sait pas au juste, Bertrand vit le jour et qu'il grandit...

Sa mère était belle, très belle et jamais elle ne comprit comment elle avait pu mettre au monde un enfant si laid et si difforme.

Bertrand devint un jeune garçon au milieu du mépris des siens.

Repoussé de tous, il prit l'habitude de se taire, de gronder... de s'enfuir quand il le pouvait.

On l'éloignait chez lui le plus possible. Ses parents lui interdirent même de manger à la même table qu'eux.

Bertrand, qui était l'aîné de ses frères, avait alors six ans.

L'enfant souffrait de sentir le mépris dans lequel on le tenait et de voir ses frères mangeant à table avec ses parents, alors qu'on le repoussait dans la cuisine...

Un jour, furieux, il se précipite sur la famille attablée.

Avec le bâton qui ne le quitte jamais, il fait des moulinets terribles, menace ses frères...

Il crie et tempête : « Je veux ma place à table », hurle-t-il, et sans attendre, il s'installe, et, tout secoué de colère, il avale goulûment les premières bouchées du repas. Sa mère lui ordonne de sortir...

Alors le petit garçon que personne n'a su aimer se lève brusquement, entraînant la table avec lui, renversant sur le sol, assiettes et plats.

Et tandis que sa mère lui jette un flot de paroles dures, il s'effondre dans un coin et pleure...

◆

C'est ainsi que passèrent trois années.

Bertrand a neuf ans.

A chaque fois qu'il le peut, il se glisse le long des escaliers de pierre, dans les corridors froids, traverse les cours, gagne une poterne entr'ouverte et s'enfuit dans la campagne.

Chacun le croit tranquillement dans sa chambre, alors qu'il est déjà dehors, semant la terreur parmi les garçons de son âge... Bertrand ne pense qu'à se battre.

C'est là qu'il fait son apprentissage de la guerre.

Il appelle ses compagnons ordinaires, fils de paysans. Il a déjà sa grosse tête toute ronde, et ses mains épaisses. Il appelle : « Ohé ! Jean, viens te battre avec moi ! » Et ce sont des batailles épouvantables. Bertrand n'a de cesse qu'il ait gagné et que Jean, effrayé, s'enfuie couvert de bleus, déchiré, hurlant. Bertrand se lance à la poursuite du premier venu et n'hésite jamais à se colleter aux plus robustes. Il est rare qu'il ait le dessous. A travers bois et prairies, dans les landes, sur les collines, il court, saute les haies et toujours il brandit son bâton, un gros gourdin qui ne le quitte jamais.

Bertrand vit à une rude époque où la force seule

triomphe, il est l'image même de son époque brutale, violente, celle des combats entre seigneurs, des tournois.

Déjà il a la nature d'un chef. C'est lui qui dirige, ordonne et on l'écoute... Il organise la petite guerre... A l'abri des rochers, des bois, dans les chemins creux, il fait l'apprentissage de la guérilla. Avancer sans se faire voir, glisser sans bruit et, d'un seul coup, tomber sur l'adversaire qui ne s'y attend pas... Bertrand passe maître dans ces ruses... Il fait son *école de guerre...*

Quatre mois durant son père l'enferme dans sa chambre. Quatre mois de prison pour ce gaillard avide de grand air et de liberté, c'est beaucoup trop ! Il s'agit de l'empêcher de retrouver les fils des « manants », des serfs du château. Va-t-il rester enfermé, pleurer et se morfondre ? Allons donc, Bertrand sait ce qu'il veut...

La porte s'ouvre. C'est la femme qui, deux fois par jour, lui apporte ses repas. A peine est-elle entrée qu'il la pousse brusquement sur le lit... Un tour de clef et le tour est joué.

C'est sa première évasion.

Il gagne à toutes jambes la campagne et se dirige vers une terre labourée. Là-bas il aperçoit une charrue attelée. La terre colle aux pieds. Il court, détache la jument, saute dessus. En route...

Que va-t-il faire ? Le charretier s'élance après lui, mais Bertrand galope déjà. Sans selle, sans bride, il s'enfuit à travers champs vers Rennes, où il espère trouver un abri.

Là encore, il obtient la victoire.

Un de ses oncles l'accueille et, d'accord avec ses parents qui ne sont pas mécontents d'être séparés du mauvais garnement, il obtient de le garder...

Désormais Bertrand n'a plus de frein. Il monte chaque jour à cheval, parcourt de grandes distances, accomplit des efforts, supporte des fatigues incroyables pour son âge.

Les années s'écoulent ainsi.

Bertrand a dix-sept ans. Il est devenu, grâce à cet entraînement, un gaillard solide, bien planté sur ses courtes jambes, sachant se servir, de main de maître, de la lance et du bâton, à la rigueur de ses poings, vraies massues.

Son premier coup de lance

C 'EST ALORS qu'il remporte sa première victoire publique.

Un tournoi est annoncé à Rennes.

Bertrand décide d'y prendre part.

Mais il n'a pas un assez bon cheval. D'autre part, s'il garde ses armes, cuirasse, bouclier, casque, sur lesquels sont peints les insignes de sa famille, il va être reconnu et son père ne permettra jamais qu'il combatte. Il emprunte alors tout ce qu'il lui faut à un de ses cousins...

La ville est en fête. Les rues sont pleines de monde. Aux fenêtres il y a foule. Chacun admire les chevaliers qui passent montés sur leurs chevaux se dirigeant vers le lieu du tournoi.

Bertrand a baissé sa visière et personne ne le reconnaît.

On crie, on rit, on chante...

Les barrières s'ouvrent. Bertrand est dans la lice...

Les concurrents sont rangés sur les côtés, attendant que l'un d'eux se décide. Bertrand se sent rempli d'ardeur et de courage, les préparatifs l'ont grisé et confiant dans sa force et son ardeur, il tend les deux mains vers les autres.

Les spectateurs applaudissent, crient.

Un chevalier accepte le défi.

Cette fois le sort en est jeté : il faut combattre. Gare à la lance !

De chaque côté de la barrière de bois les chevaux se lancent furieusement. Chaque cavalier pointe sa lance vers l'adversaire. Il s'agit de le renverser. Les huit sabots martellent le sol pendant un court moment.

Le silence s'est fait. On suit des yeux les deux masses bardées de fer qui se jettent à la rencontre l'une de l'autre...

Bertrand bien d'aplomb sur son cheval qu'il serre de toutes ses forces entre ses jambes, tient dans sa poigne d'acier la lance de bois qu'il dirige fermement vers le casque de son adversaire.

Ils se rapprochent... Ils ne sont plus qu'à dix mètres l'un de l'autre.

Sans selle, sans bride,
il s'enfuit à travers champs vers Rennes
où il espère trouver un abri (p. 5).

Dans un bruit épouvantable l'un d'eux a quitté la selle. Il est projeté sur le sol dans un fracas de ferraille, au milieu d'un nuage de poussière. Le cheval lui-même est étendu sur le sol...

Bertrand a continué sa course au petit trop et les clameurs de la foule le payent bien de toutes les misères qu'il a endurées depuis tant d'années. Il sent son cœur se gonfler de joie...

D'autres cavaliers se présentent. L'un après l'autre, il les désarçonne. C'est un grand jour pour lui.

Son père, cette fois reconnaît en lui, ce qu'il devait être...

Désormais quand on prononce son nom, quand on dit BERTRAND DU GUESCLIN, chacun devine quel sera l'homme...

◆

Les envahisseurs anglais infestaient la France. L'une après l'autre ils s'emparaient de nos forteresses, de nos villes. Partout dans les campagnes leurs armées s'installaient, pillant, dévastant... Les paysans voyaient avec terreur s'approcher les armées et, quel que fut le vainqueur, la misère était pour eux, maisons détruites, famille assassinée, moissons ravagées...

Les seigneurs féodaux découragés se terraient derrière leurs murailles. Et quand ils acceptaient de combattre, c'était, le plus souvent, pour se faire battre.

Alors vint Du Guesclin...

Têtu comme un Breton qu'il était, patient, rusé, il entama, aidé des paysans, la guerre de guérilla.

Jamais de grandes batailles rangées où, affaiblis par ces longues années de guerre, nous n'avions pas le dessus, mais des embuscades, des surprises...

Sa première affaire fut celle du château de Fougerais.

Les faux bûcherons

SUR LA CROUPE, le château dresse ses tours de pierre, solides, imprenables. Le prendre d'assaut ? Impossible. Bien fourni en vivres, les assiégés pourraient tenir longtemps, trop longtemps.

De plus, ils sont armés et ne répugnent pas à la bataille... Que faire ?

Bertrand amène avec lui soixante hommes décidés. Ils sont rassemblés dans la forêt voisine.

Mais que font-ils ? Curieux soldats ! Les voilà abattant des arbres ! Ils font des fagots ! Les bûches s'entassent ! Un gros tas de bois s'élève maintenant dans la clairière !

Bertrand va de l'un à l'autre, activant le travail. C'est fait.

Espèrent-ils mettre le feu au château ? En ce cas ils feront mieux de rentrer chez eux !

Sous la tente de Bertrand un tas de vêtements est empilé, de grossiers vêtements de paysans, des blouses amples. Chacun se sert et, soudain, il n'y a plus sous les arbres que d'inoffensifs bûcherons...

Une sentinelle s'approche de Bertrand.

— Le gouverneur vient de sortir avec un détachement.

C'est le moment.

Du Guesclin partage sa petite troupe en quatre groupes qui se dispersent sur la lisière du bois, l'un après l'autre. Il s'agit de ne pas éveiller la méfiance de l'ennemi !

Dans la plaine, les faux bûcherons s'avancent chargés de leurs fagots. Ils marchent lentement, sans se dissimuler, bien au contraire.

Bertrand est le premier. Il a passé par-dessus ses armes une blouse blanche qui lui descend jusqu'aux genoux.

Du château on les a vu venir, mais personne ne se défie d'eux. Aussi bien c'est la coutume de voir les bûcherons apporter le produit de leur travail !

Le pont-levis s'abaisse doucement avec le craquement de ses chaînes. Alors Bertrand se débarrasse de sa charge sur le pont, ses compagnons en font autant. Ainsi le pont encombré ne pourra plus être relevé.

Et Bertrand donne le premier coup.

Les gardiens ont vite succombé. Tous les groupes des Français sont maintenant réunis. La lutte est chaude. Les Anglais accourus en masse essaient de repousser les assaillants à l'extérieur. Ceux-ci s'accrochent. Bertrand travaille de la hache. Ses moulinets terribles écartent de lui les audacieux. Cependant il reçoit des coups. De plusieurs blessures à la tête, le sang coule, mêlé à la sueur. Ils sont deux cents contre soixante. Bertrand, dans la cour où ils ont pénétré, s'est adossé à une bergerie. Il a les yeux en sang. La cognée saute de ses mains... Va-t-il succomber ? Ses poings lui restent, ses poings terribles...

Par bonheur une troupe de cavaliers français passe par là et apprend ce qui se passe à Fougerais. Aussitôt ils accourent, chargent les Anglais qui sont mis en fuite et le château reste entre leurs mains.

Cette victoire ne fut pas sans lendemain.

Parcourant la Bretagne avec ses hommes, Bertrand fit plus d'un dommage à l'Anglais qui jura, si jamais il tombait entre ses mains, de ne point le libérer quelle que fut la rançon.

Mais Bertrand courait !...

Penhoët le Tort-Boiteux

LES ANGLAIS tenaient à garder la Bretagne où ils pouvaient débarquer si facilement et décidèrent d'assiéger Rennes, sa capitale.

Ils plantent donc leurs tentes autour de la ville, empêchant ainsi tout mouvement de troupes en sa faveur.

On ne peut ni sortir, ni rentrer dans la ville assiégée...

Bertrand, fidèle à son habitude, est caché dans les bois avec ses hommes. Il attend l'occasion de se jeter dans les murs de Rennes pour soutenir la garnison.

Chaque nuit, il sort de sa forêt et donne aux Anglais de nouvelles alarmes. Il ne leur laisse aucun repos, attaquant toujours par surprise, un jour là, un autre jour ailleurs... Les Anglais n'en pouvaient plus et se demandaient quel démon se jouait ainsi d'eux et saccageait leur armée...

Du Guesclin poursuit son idée.

Il s'agit de faire croire à l'ennemi que des troupes nombreuses le menacent, et le décider à lever le siège de Rennes.

Par une nuit bien noire, il met son dessein à exécution.

Bertrand travaille de la hache.
Ses moulinets terribles
écartent de lui les audacieux (p. 10).

Toujours dans les bois, il rassemble ses hommes.

Ceux-ci entourent le chef en qui ils ont confiance.

Et Bertrand leur explique son plan.

« Nous allons nous précipiter au milieu du camp endormi. Il s'agit de faire vite et de faire bien. Secouez-les. Il faut qu'ils se réveillent affolés. Frappez à coup sûr ! »

Dans l'obscurité, les soldats se glissent jusqu'aux tentes. La nuit est leur complice. Ils rampent dans l'herbe, dans les fourrés.

Les sentinelles s'effondrent sans pousser un cri. Bientôt apparaissent les teintes claires des toiles. Ils sont dans le camp anglais !

Bertrand pousse alors son cri de guerre, signe de combat : GUESCLIN !

Et chacun, poussant des hurlements, se précipite sur les Anglais qui sortent de leurs abris ne comprenant rien à ce qui se passe.

Qui imaginerait qu'un homme assez audacieux ait le front de les attaquer chez eux, où ils se croient en sûreté ! C'est pourtant vrai. Déjà des tentes brûlent avec de hautes flammes claires. A la lueur des brasiers, ils reçoivent les coups sans pouvoir les parer. Il leur semble qu'une légion de diables a soudain fait irruption dans leur camp. Où aller ? Qui frapper ? Puis les vivres et les munitions, la poudre brûlent à leur tour. Des morts sont couchés un peu partout.

Les chevaux, eux aussi, ont été visités. Il n'en reste guère debout. L'affolement est général.

Quelle est cette guerre, pensent les envahisseurs ? Pas même de repos dans son lit ? Il faut maintenant combattre pendant la nuit ?

Bertrand fait la guerre du peuple, la guérilla, et les vieux routiers sont complètement désorientés. Ils imaginent qu'une armée entière leur est tombée sur le dos, une armée qui ne leur avait pas été signalée. Que font donc les espions répandus dans la campagne et chargés de prévenir les mouvements de l'ennemi ?

Pendant ce temps, Bertrand dont tous les hommes se sont tirés d'affaire, se retire de nouveau au sein des bois où l'Anglais ne viendra pas le poursuivre...

Autre victoire retentissante... L'ennemi commençait à comprendre qu'une forme nouvelle de la guerre était née, et qu'il faudrait compter avec Du Guesclin et ses hommes, soutenus par le peuple hostile à l'envahisseur.

Mais le siège continuait. Il fallait trouver autre chose.

Un grand danger menaçait Rennes. L'ennemi, qui ne pouvait forcer l'enceinte, décide de creuser une mine sous les murailles, de la faire sauter et de se précipiter par la brèche ainsi ouverte.

Ici, l'ingéniosité du gouverneur de Rennes eut raison de leur ruse. On savait que les Anglais creusaient une mine. Mais à quel endroit ? Quel point était menacé ?

Penhoët le Tort-Boiteux a une merveilleuse idée.

Il fait publier dans la ville l'ordre à tous les habitants de suspendre dans leurs maisons, au long des murs, après les poutres, des bassins de cuivre ou de fer. Et ceux-ci suspendu à une ficelle rendent en vibrant le moindre mouvement de la terre. C'est ainsi qu'on découvre le lieu où les Anglais donnent leurs coups de pic...

L'endroit déterminé, ce n'est plus qu'un jeu de creuser une contre-mine sous celle de l'ennemi qui renonce à son entreprise.

La ruse, toujours la ruse, mise à l'honneur par Du Guesclin.

◆

A l'intérieur de Rennes, la situation devenait difficile. L'Anglais ne renonçait pas, cherchant à affamer les habitants. Il s'en fallut de peu qu'il ne réussisse.

La faim commençait à se faire cruellement sentir.

Le duc de Lancastre, qui commandait les Anglais, essaya d'attirer les assiégés au dehors en faisant courir sous leurs yeux d'affamés toute une bande de porcs dans la campagne.

Du haut des murailles de la ville, on aperçut bientôt la bande de pourceaux qui allait grognant, de ci, de là, cherchant, elle aussi, sa nourriture... Tout le monde courut aux remparts et chacun suivait du regard cette bonne viande qui ne demandait qu'à être rôtie et dévorée...

Il s'en manqua de peu que le stratagème du duc de Lancastre ne réussisse ! Plus d'un bon bourgeois criait qu'il fallait profiter de l'occasion qui se présentait et, en sortant en armes, s'assurer de la personne des gras animaux...

Les Anglais suivaient de leurs tentes le manège des habitants, derrière les créneaux, prêts à se précipiter contre eux et à les défaire s'ils tentaient la moindre sortie...

— Qu'est-ce qu'attend le Tort-Boiteux, disaient les uns ?

— Il va nous laisser échapper cette bonne viande ? disaient les autres...

Et chacun supputait les jours de nourriture qui se promenaient là sans souci sous ses yeux... sans songer que c'était une ruse des Anglais.

Le Tort-Boiteux ne reste pas inactif.

Il a fait amener devant lui une des rares truies qui restent encore dans les murs de Rennes. A l'aide d'une bonne corde, il commande qu'on lui attache les pattes de derrière solidement, puis il se dirige vers le pont-levis, grimpe aux murailles et, soudain, d'un créneau, la tête en bas, hurlante, la truie commence lentement sa descente... Les bourgeois, penchés au-dessus du vide, suivent sans comprendre ce corps rose qui se détache sur la grisaille des pierres de taille... De leur côté, les Anglais en font autant et ils sont rares ceux qui comprennent l'intention du chevalier de Penhoët, le Tort-Boiteux...

Cependant, la bête hurle de plus belle, effrayée par le vide et souffrant de sa position incommode et extra-ordinaire... Lentement, elle descend ! A ses cris déchirants, les porcs répondent. Sur leurs courtes pattes, ils accourent au galop vers la truie. De partout ils arrivent. Bientôt, le troupeau tout entier est devant la porte de Rennes, de l'autre côté du fossé. D'un seul coup, le pont-levis s'abat dans un bruit de ferraille et de planches secouées par le choc... Au même moment la truie pose les pattes sur le sol. La corde est coupée. La bête libérée hurlant de plus belle s'engouffre sous la porte... Et cette fois tout le monde comprend... Les Anglais les premiers, qui voient leurs porcs suivre à la trace la truie affolée et, l'un contre l'autre, de toute leur vitesse, grognant, criant, entrer en ville, pendant qu'aussitôt le pont-levis se relève...

Ah ! la bonne farce jouée à monsieur le duc !

Là-haut, les bourgeois rient de tout leur cœur. Ils font signe aux Anglais qu'ils vont faire bonne chère à leurs dépens.

— Merci, leur crient-ils, de tous leurs gosiers !

...On en parla longtemps dans Rennes. On en parla tant qu'il resta un morceau de salé dans les pots, un os à ronger et puis... il fallut s'occuper d'autre chose. La famine était revenue.

Si les Français avaient connu la misérable situation de Rennes, nul doute qu'ils seraient venus au secours des assiégés, mais en ce temps les nouvelles ne couraient pas seules dans les airs ; le Tort-Boiteux chercha un messager...

On retrouve Bertrand

UN BOURGEOIS de Rennes accepta la mission à condition qu'on s'occupe de ses trois filles et de ses cinq garçons qui mouraient de faim. Rassuré sur le sort de sa famille, il franchit le pont-levis. Aussitôt hors des murs, il court à travers la campagne jusqu'au camp des Anglais, qui le font immédiatement prisonnier. Il demande alors à parler au duc.

Il se plaint de toutes les souffrances qu'endure la population :

— Le Tort-Boiteux, au lieu de faire mettre dehors toutes les bouches inutiles, affirme-t-il, a fait passer au fil de l'épée : femmes, enfants, vieillards...

Le duc intéressé, tendait l'oreille. Le bourgeois continuait :

— Un secours de quatre mille hommes est attendu. Ceux-ci doivent forcer vos lignes et amener dans Rennes les vivres et les munitions qui y manquent. Ce corps de troupe doit se partager en deux bandes afin que, si l'une ne réussit pas, l'autre au moins puisse entrer dans la ville à coup sûr.

Il donna tant de détails précis — qu'il inventait d'ailleurs au fur et à mesure de son récit — qu'il convainquit l'Anglais et celui-ci, persuadé qu'il allait être surpris, décida de se porter au-devant de l'ennemi. Immédiatement il fait sonner le rassemblement et, à la tête de ses meilleures troupes, quitte son camp où il ne laisse que peu de gens.

Tandis qu'une bonne partie des Anglais levait le siège, notre bourgeois cherche à s'échapper à son tour pour terminer sa mission. A la pointe du jour, profitant des taillis, des bois, des haies, il se glisse hors du camp et naturellement, il tombe sur les gens de Bertrand qui sont sans cesse en alerte et veillent.

Il fait nuit. Dans la tente de Bertrand, on a amené le bourgeois tremblant cette fois encore d'être pris pour un espion. Il raconte son histoire et comment il a trompé le duc. Bertrand n'hésite pas...

L'aube n'est pas encore levée que les Bretons de Du Guesclin se précipitent une fois de plus à l'attaque. Une fois de plus, ils tombent sur des gens endormis et qui ne s'attendent guère à ce réveil. Ils chargent tout ce qui se rencontre devant eux. L'épouvante des Anglais est si grande qu'ils croient avoir sur les bras une armée française toute entière... Dans un espace découvert, Bertrand aperçoit plus de cent charrettes chargées de viandes salées, de farine et de vin que les Anglais essayent de sauver à la faveur du tumulte. A la tête de ses hommes, il se précipite de ce côté. Toute la troupe criant, pousse les voitures vers Rennes, le pont-levis s'abaisse une fois encore et le butin entre dans la ville. Bertrand fit son entrée dans Rennes au bruit des acclamations, toutes les rues ne retentissaient que du nom de Du Guesclin, chacun courait pour le voir et ce fut un grand jour de gloire pour lui et les Français...

Le duc, malgré cette défaite, continuait le siège.

◆

Un jour les assiégés virent avec frayeur une étrange machine de guerre s'avancer vers leurs murs. C'était une tour de bois, aussi haute que leur créneaux et montée sur quatre roues. Depuis le bas jusqu'en haut, elle était garnie d'Anglais armés d'arbalètes, prêts à tirer sur eux dès qu'ils seraient à bonne portée...

L'épouvante des Anglais est si grande
qu'ils croient avoir sur les bras
une armée française tout entière (p. 16).

Si la tour parvenait jusqu'aux murs, c'en était fini, les Anglais sautaient sur le chemin de ronde, de là dans la ville...

Que faire ?

Bertrand rassemble ses Bretons, choisit parmi eux les plus courageux et décide une sortie. Le pont-levis s'abaisse et, comme un ouragan, entrainés par du Guesclin, les hommes se précipitent sur l'ennemi, criant, hurlant, maniant le sabre et la hache, ils se frayent un chemin vers la tour qu'ils atteignent bientôt.

Y mettre le feu n'est plus qu'un jeu.

Un instant après, la charpente de bois brûle. Toute la tour n'est qu'une immense torche. Du brasier, les Anglais se précipitent sur le sol. C'est un spectacle affreux. Etouffés, à demi-brûlés, ils sautent les uns sur les autres jusqu'à ce que la tour s'effondre au milieu d'une gerbe de flammes et d'étincelles...

Comme il était venu, Bertrand rentra dans la ville, maudit par les Anglais...

Mais le siège continuait !

Le duc avait juré qu'il ne le lèverait pas « avant d'avoir planté son drapeau sur les murailles de Rennes ».

Une fois de plus, du Guesclin montre son habileté.

Il fit savoir au duc qu'il acceptait de le faire entrer dans Rennes avec neuf de ses officiers. Il planterait même son drapeau sur les murs, à condition qu'il lève le siège aussitôt après.

Le duc, qui ne demandait pas mieux que de se tirer d'affaire sans trahir son serment, accepta.

Comme convenu, il planta son drapeau et Bertrand tint même à lui offrir un verre de vin qu'il lui servit lui-même.

Bertrand avait ordonné à tous les habitants d'étaler devant leurs portes tous les vivres qui leur restaient : viandes, blé, poissons, etc...

Le duc sortit de Rennes convaincu qu'il était tout à fait inutile de poursuivre un siège dans de telles conditions et il franchissait à peine le pont-levis que son drapeau le rejoignait tombé du haut des murs...

mais son honneur était sauf... et Rennes était délivrée !

Ainsi, petit à petit, Du Guesclin et ses compagnons libèrent la Bretagne.

La victoire de Cocherel

DÉSORMAIS LA VICTOIRE semblait sourire aux Français et l'Anglais peu à peu perdait pied... Cependant, il ne quitterait définitivement le sol de la patrie qu'à la suite d'une retentissante défaite... de plusieurs mêmes.

C'est dans cette idée que Bertrand, devenu commandant de toutes les troupes françaises, les rassembla dans les environs de Rouen. Sa réputation avait gagné la France entière et, de partout, on venait combattre avec lui pour chasser les Anglais. Toute la jeunesse de Rouen vint s'enrôler sous son drapeau, et chacun brûlait de chasser l'envahisseur.

Fidèle à ses habitudes et ne voulant pas être surpris, Bertrand envoie dans toutes les directions des hommes chargés de signaler la présence des troupes ennemies.

Pendant ce temps, il haranguait ses troupes.

Celles-ci étaient rassemblées devant lui et il allait de rang en rang :

— C'est pour l'honneur du pays qui vous tend les bras et vous demande votre secours contre des étrangers, leur disait-il.

Un à un ses éclaireurs reviennent. Aucun n'a aperçu l'armée anglaise.

Soudain, celle-ci apparaît au sommet d'une colline voisine.

Les troupes françaises sont dans la plaine.

Que faire ?

Se jeter au-devant de l'ennemi, c'est être dans la plus mauvaise position. L'attendre l'arme au pied, ce n'est pas dans les habitudes de Bertrand, d'autant plus que les vivres commencent à faire défaut et qu'un secours anglais peut toujours arriver.

Toujours rusé, Bertrand envoie un messager aux Anglais pour *leur offrir le choix du lieu de la* bataille. Ceux-ci saisissent le sens de la manœuvre et refusent...

Renouvelant une vieille ruse de guerre, Bertrand fait semblant de refuser la bataille. Toutes les troupes rassemblées, les charrettes chargées du matériel, les hommes, les chevaux se mettent en route et s'éloignent lentement...

Du haut de la colline les Anglais se réjouissent. Eux qui craignaient si fort de se mesurer à Du Guesclin, ne se tiennent pas de joie. Pour la première fois, Du Guesclin refuse de se battre. Vont-ils le laisser partir sans faire un effort contre lui ? Chacun pense à part soi qu'il faut profiter de l'occasion et mettre à mal les Français. Et bientôt les voilà qui descendent la pente de la colline, ils avancent, sûrs du succès. C'est à qui atteindra le premier l'arrière-garde de Bertrand. Les flèches commencent à pleuvoir... Mais soudain, que se passe-t-il ? Les Français se retournent, ils sont en ordre de combat. Il n'est plus question de retourner en arrière. Il faut combattre où l'a voulu Bertrand, dans la plaine. Les Anglais donneraient gros pour être encore sur leur colline, mais il n'y faut plus songer !

Au son des trompettes de Du Guesclin la bataille s'engage, furieuse. Toute la journée la plaine de Cocherel est le témoin des redoutables efforts des Français combattant pour la Patrie. Archers, arbalétiers, gens d'armes. De tous côtés les hommes tombent. Du Guesclin court partout, les bras nus, le sabre à la main. Il crie à tue-tête :

— La journée est à nous ! La journée est à nous !

Et il se bat comme un lion.

Une ruse de Bertrand et de ses hommes décida de l'issue de la bataille. Il envoie dans le plus grand mystère, une centaine de lanciers dans un champ de vignes incultes. Ceux-ci se glissant à l'abri d'une haie, échappent aux Anglais et leur tombent sur le dos en poussant des cris affreux. Cette fois, décimés, enveloppés de toutes parts, les survivants se rendent...

A partir de cette journée les Anglais s'affaiblirent rapidement.

Bertrand dans les prisons anglaises

BERTRAND franchit les Pyrénées et il combat vaillamment en Espagne. Il prit Burgos, Tolède, Séville... mais enfin, il fut fait prisonnier.

On ne l'enferme pas s'il donne sa parole de ne point s'évader.

— J'aimerais mieux être mort, dit Bertrand, plutôt que mon serment soit faussé ou rompu.

Et Bertrand erre dans Bordeaux, au désespoir d'être prisonnier. Il boit, il mange, il joue, donne des aumônes. Mais rien ne l'égaie. Un jour, on l'amène devant le prince de Galles. Celui-ci rit de voir Bertrand malpropre et négligé.

— Comment vous portez-vous ? lui demande-t-il.

— Sire, répond Bertrand, quand il vous plaira j'irai beaucoup mieux. J'ai entendu longtemps les souris et les rats, mais je n'ai pas entendu depuis longtemps le chant des oiseaux.

— Promettez-moi de ne jamais combattre les Anglais et vous serez libre sans rançon.

— J'aime mieux finir mes jours en captivité que de faire un serment que je ne veux pas tenir.

Le prince de Galles était bien ennuyé. On racontait partout qu'il ne gardait Bertrand prisonnier que parce qu'il craignait de le combattre. Il lui offrit alors la liberté ,moyennant une rançon.

— Voyez vous-même ce que vous voulez payer, lui dit-il.

— Cent mille florins ou doubles d'or, dit-il fièrement.

Cent mille florins ! Bertrand ne s'estimait pas peu !

— Cet homme veut se moquer de moi, dit le prince de Galles.

Bertrand rabattit donc la somme.

Soixante mille livres fut le prix convenu. Et Bertrand partit en campagne à la recherche de ses amis et des soixante mille livres de rançon.

La première personne qu'il rencontre est Hugues de Caurelay avec qui il a combattu en Espagne. Hugues est devenu un vieil ami de Bertrand.

— J'ai, grâce à vous, fait pas mal de butin en Espagne, dit Hugues, et je n'ai pas souvenir que nous en ayons partagé équitablement.

— C'est possible, répond Bertrand.

— Combien voulez-vous donc ? demande Hugues.

— Je vous en fait juge.

Et c'est ainsi que Bertrand se sépara de Caurelay avec, en poche, vingt mille livres...

◆

Il avait à peine parcouru une lieue qu'il rencontre un pauvre cavalier. Celui-ci s'approche de Bertrand chapeau bas.

— J'ai servi vous vos ordres dans les dernières guerres, lui dit-il, et je suis heureux de vous voir hors de prison.

— Où vas-tu, questionne Bertrand ? Pourquoi es-tu à pied ? Quel est ton sort et où vas-tu coucher ?

— Je retourne à Bordeaux me remettre entre les mains des Anglais. Libéré sur parole pour chercher ma rançon je n'ai rien trouvé. Il faut donc que je rentre en prison.

— Et combien te faut-il ?

— Avec cent livres je suis complètement quitte et dégagé.

— Eh bien ! tiens, les voilà.

Et il lui compte immédiatement les cent livres .

— Prend ces cent autres pour te trouver un cheval et t'armer. Nous nous retrouverons un jour. Sus aux Anglais. Adieu.

Et il continua sa route.

Le siège de Tarascon

IL ARRIVE bientôt sous les murs de Tarascon assiégé par le duc d'Anjou. Il a promis de ne point porter les armes jusqu'à ce qu'il ait payé sa rançon, mais il n'a pas promis de se taire.

« Allons donc, pense-t-il, assister les Français de mes conseils. Ils ne seront peut-être pas dédaignés. »

Sur ce, il part au galop.

Il arrive au camp acclamé par les soldats qui l'ont reconnu. Le duc d'Anjou l'embrasse et s'informe en quelle situation il se trouve. Bertrand lui raconte son histoire.

— Eh bien ! donc, s'il ne s'agit plus que de trente mille livres pour vous libérer, soyez tranquille, je vous les donne volontiers.

Mais déjà dans Tarascon le bruit courait que Du Guesclin était sous les murs et qu'il avait amené avec lui deux cents hommes d'armes.

Bertrand ne restait pas inactif. Il allait de tous côtés, examinant ce qui se faisait, dirigeant l'assaut. Sa présence animait les cœurs. Néanmoins comme aucun résultat n'était encore obtenu il se décida à agir seul.

Il se présente aux barrières de la ville, à cheval, n'ayant à la main qu'une baguette pour ne pas violer son serment.

A tous les Tarasconnais, accourus pour l'entendre, il fait un discours menaçant.

— Vous ne connaissez pas votre intérêt, leur dit-il. Pensez au danger qui menace, vous, vos femmes, vos enfants...

Et il leur fait un tableau si effrayant du sort qui les attend lorsque la ville sera prise que, de retour dans la ville, ils sont tous d'avis de capituler...

C'est ainsi que Bertrand conclut le siège de Tarascon.

Bertrand se mit en route vers Bordeaux pour aller payer sa rançon.

Pour cette fois il se sent tranquille et content de lui.

Il entend le chant des oiseaux. Bientôt il sera libre...

Un jour il rencontre en chemin dix cavaliers qui semblent mal en point. Ceux-ci font route vers Bordeaux.

Ils s'arrêtent dans une auberge.

— A boire et à manger, commandent-ils.

— Mais avez-vous de quoi payer ? leur demande l'aubergiste.

— Soyez tranquille, il nous reste assez pour cela. Nous avons souffert dans Bordeaux mille misères et nous en sommes sortis avec Du Guesclin pour aller chercher notre rançon. Mais il n'est pas prêt de sortir de prison.

— Pourquoi donc ?

— Parce qu'il s'est taxé lui-même à soixante mille livres. Avec tout son crédit, tous ses amis, il aura du mal à rassembler une telle somme.

— Par Dieu si je pouvais faire quelque chose pour lui, je le ferais volontiers. J'ai dix chevaux dans mo

écurie, cinq cents moutons dans ma bergerie, des porcs
dans mes étables, trente muids dans ma cave et je les
vendrais de bon cœur pour assister Du Guesclin et j'y
joindrais encore tous les draps de ma femme s'il le
fallait.

Mais puisque vous êtes compagnons de Du Guesclin,
je veux vous régaler gratuitement.

La table fut mise et chargée de vins, de rôtis, de
pâtés... Ils étaient tous à table quand la porte s'ouvrit
sur Bertrand en quête d'un dîner.

Comme il leur demandait ce qu'ils faisaient là, l'un
d'eux prit la parole et expliqua qu'ils avaient été faits
prisonniers, maltraités, qu'ils revenaient de chez eux
où ils avaient été chercher leur rançon.

— L'avez-vous ? demande Bertrand.

— Hélas, non, répondent-ils tous en chœur. Nous
n'avons même pas de quoi payer l'aubergiste qui nous
offre ce festin par amitié pour vous.

Et ils répétèrent tout ce que celui-ci avait dit de
Bertrand.

— Puisque c'est ainsi, mangeons et buvons. Mais
combien vous faut-il pour vous racheter ?

— A peu près quatre mille livres.

— Ce n'est pas une affaire, répond Bertrand. Je
vous donne ces quatre mille livres et deux mille de
plus pour vous acheter des chevaux, vous équiper et
couvrir vos frais de route. Et ce bon aubergiste qui
vous a si bien régalés pour l'amour de moi mérite sa
récompense.

L'aubergiste reçut mille livres, ébloui de la générosité de Bertrand qui distribuait, ainsi à chacun, le montant de sa rançon sans plus s'en soucier que d'une
guigne.

◆

Il fallut faire obliquer légèrement la route vers le
nord. Il n'était plus question d'aller directement à Bordeaux payer la rançon, mais bien de gagner la Bretagne où, Bertrand l'espérait, il se trouverait des amis
qui lui viendraient en aide.

Un beau voyage en vérité. Du Guesclin traversa la
France, passa la Loire, se retrouva dans ses landes
natales, et fit le tour de ses amis.

Il n'en eut pas pour longtemps. Tous voulaient le secourir, et il rassembla vite la somme qu'il lui fallait.

Il se remit en route pour Bordeaux, longeant la côte de l'océan. Il franchit les murailles de La Rochelle, Bordeaux n'est plus qu'à quelques journées de là...

La Rochelle était encombrée de soldats de tous genres. Bertrand s'en donne à cœur joie. Comme il y trouve un grand nombre de chevaliers mal vêtus, qu'on y retenait prisonniers, il ne put s'empêcher de leur venir en aide, de payer leur rançon, de les soigner, de les habiller... Bref ! il fit tant et si bien qu'il parvint à Bordeaux la bourse vide !

— Je n'ai plus un denier de tout l'argent que j'avais rapporté de Bretagne, dit-il au prince de Galles, mais je crois l'avoir fort utilement employé en délivrant tant de braves gens que j'ai vus dans les prisons.

— Mais il faut être fou à lier pour agir ainsi, lui répond l'autre. Avant de songer à briser les chaînes de ses compagnons d'infortune, un prisonnier doit commencer par les siennes.

— Je suis tranquille. Mes amis ne me feront pas défaut.

Son attente ne fut pas déçue. Peu de temps après des gens arrivaient qui payèrent immédiatement les soixante mille livres.

— Mais d'où vient tout cet argent ? demanda le prince de Galles qui n'en revenait pas.

— C'est que la liberté de Bertrand Du Guesclin est si précieuse que s'il s'agissait de dix millions pour la racheter toute la France s'épuiserait volontiers pour les trouver.

Connétable de France

BERTRAND se rend à Paris, vêtu d'un grossier habit gris afin de n'être pas reconnu des Anglais qui cherchent à se débarrasser de lui.

Les avenues, les rues et les fenêtres regorgent de monde. Une foule énorme est descendue là pour voir Du Guesclin dont la renommée est immense parmi tout le peuple de France.

Sur son passage les cris de joie éclatent, on se précipite et c'est à grand peine qu'il parvient à faire avancer son cheval...

Il reçoit l'épée de Connétable de France, autrement
dit de général des armées françaises. Ses exploits
avaient bien mérité cette récompense. Il faut dire que
les Anglais n'étaient pas encore complètement chassés
de France et qu'on comptait beaucoup sur lui pour en
finir...

Il s'éloigne de la capitale et s'installe à Caen où il
a donné rendez-vous à tous les volontaires.

Il reçoit tous ceux qui veulent s'engager et quand il
n'a plus d'argent pour payer les soldes, il paye avec
son argent personnel, puis vend sa vaisselle, ses bijoux
qu'il a rapportés d'Espagne. Les plus réputés viennent
à lui comme Olivier de Clisson dont le bras était si
redouté des Anglais qu'ils l'appelaient le *boucher de
Clisson*...

Toute cette armée gagne la région de Vire en Nor-
mandie. Les Anglais sont déjà dans les environs, à
Pontvallain.

Pour gagner du temps, car ils attendent des renforts,
et éviter que Bertrand n'attaque par surprise ils lui
envoient un messager pour fixer le jour de la bataille.

— Par Dieu, dit Bertrand, ils me verront plutôt
qu'ils n'en auront besoin.

Tout heureux du combat qui se prépare, Bertrand
recommande de bien soigner le messager.

— Qu'il mange et qu'il boive bien.

Il mangea et but tant, le pauvre messager, qu'il ne
pût repartir le soir même et qu'il s'endormit, là, chez
les Français.

Bertrand qui profitait de toutes les occasions ne
manqua pas celle-là. Les Anglais devaient attendre
le retour de leur messager avec impatience. Il commande immédiatement que chacun prenne ses disppsi-
tions pour le suivre.

Lui-même se met en route, sans attendre, avec cinq
cents hommes. La nuit est si sombre qu'on ne voit pas
à cinq mètres devant soi. On sait à peine quelle route
suivre. La pluie se met à tomber, d'abord fine, elle
redouble. Un vent froid se lève qui perce tout et glace
les corps.

Pour mieux surprendre l'ennemi on ne sonne pas la
trompette, on n'allume aucun flambeau. Chacun suit
comme il peut.

L'armée marche à travers l'orage et la nuit...

Les uns tombent dans les fossés. D'autres, perdus, quittent la route et vont à travers champ. Les chevaux se heurtent...

Enfin, après une marche de nuit, le jour se lève, la pluie cesse, le vent se calme.

Pontvallain est là.

Ils s'arrêtent au milieu d'un pré pour souffler un instant.

— Mangeons et buvons, crie Bertrand, prenons des forces. Le combat sera rude !

Chacun s'occupe à satisfaire sa fringale et celle de son cheval. Au dernier moment, avant de se mettre en selle, chacun dit adieu à ses amis, car on ne sait qui sortira vivant de la bataille qui s'annonce. Quand tout est prêt :

— En route !

... Les Anglais ne sont pas loin. A peine les gens de Bertrand ont-ils parcouru une lieue qu'ils les aperçoivent...

Ceux-ci sont répandus dans les champs, allant, venant, de-ci, de-là, occupés aux mille soins d'un camp. Aucune sentinelle ! Aussi bien les Anglais ne se méfient-ils pas ? Ils attendent leur messager, lequel pauvre homme, en ce moment, après avoir bien dormi et digéré, doit se réveiller !

Un groupe porte du bois vers les tentes, d'autres font la corvée d'eau.

... Les chevaliers de Bertrand ont mis pied à terre.

Sans éclat, montrant de la main la direction de l'ennemi :

— Voyez, dit Bertrand, l'Anglais n'a rien prévu. Agissons habilement, tombons-leur sur le dos avant qu'ils n'aient rien deviné et la victoire est à nous...

Il fait dissimuler tous les drapeaux, enseignes et bannières. Les soldats recouvrent leur cuirasse sous leurs habits. Les trompettes se taisent.

Dans le plus grand silence toute l'armée se met en marche, progressant à l'abri des arbres et des taillis... Parvenus à faible distance des Anglais, les Français se mettent alors à pousser leur cri de guerre : « Montjoie Saint-Denis ! » Les trompettes résonnent dans la campagne. Les cuirasses apparaissent au soleil. Aussitôt, profitant de la surprise, ils tombent sur l'ennemi,

le pourchassent de tous côtés... C'est une débandade
éperdue. Les tentes sont culbutées, brûlées...

Thomas de Granson, général anglais, essaie de prendre Bertrand par derrière et Geoffroy Ourselay, dans
cette intention, se cache avec huit cents hommes à
l'abri d'une colline... Les Anglais fuyaient à qui mieux-
mieux devant Bertrand quand il aperçut l'enseigne de
Thomas Granson. Immédiatement tous les Français
se jettent à corps perdu dans cette direction... Ils sont
prêts de triompher quand un secours imprévu, appelé
par Thomas Granson, les attaque avec des troupes frai-
ches. Alors, plus enragé que jamais, Bertrand se lance
au milieu des Anglais. Il écume comme un sanglier,
frappe d'estoc et de taille, il les abat, les renverse,
perce les uns au défaut de la cuirasse, soulève le jus-
taucorps des autres... Derrière sa colline, Geoffroy Ourselay attendait l'occasion propice pour sortir de son
embuscade... il était prêt à le faire quand soudain Olivier de Clisson à la tête de quatorze hommes lui tombe
sur le corps... Partout la mêlée continuait... De tous
côtés, Anglais et Français étaient aux prises... Les
uns fuyant, les autres poursuivant... Les cuirasses étin-
celaient... Des corps étaient étendus et partout les
Français avaient l'avantage... Il ne resta plus bientôt que douze cents Anglais environ, mais ceux-ci
étaient absolument épuisés, dégouttants de sueur et de
sang, depuis le temps qu'ils étaient aux prises avec
Bertrand... Alors Thomas Granson voyant la campagne couverte de ses morts, découragé, n'a plus qu'un
désir : Plutôt mourir que survivre à la honte, mais
non pas mourir sans se venger de Du Guesclin.

Granson prend en main une lourde hache au tran-
chant d'acier et s'avance sur Bertrand dans l'intention
de la lui décharger sur la tête. Bertrand qui voit la
hache au-dessus de lui fait un saut de côté et saisit
au passage Granson qui, entraîné par le poids ne peut
se retenir. Il l'enserre dans ses bras puissants, le jette
sur le sol, lui arrache la hache qu'il tenait encore...
Granson croit sa dernière venue. Heureusement pour
lui, Bertrand n'est pas de ceux qui tuent un ennemi
désarmé :

— Rends-toi et tu auras la vie sauve.

Granson n'hésite pas un instant. Il se rend...

... Il ne restait plus d'Anglais vaillant qu'un certain

*Bertrand n'est pas de ceux
qui tuent un ennemi désarmé :
— Rends-toi et tu auras la vie sauve* (p. 28).

Thomelin Folisset qui se défendait avec un bâton à deux pointes qu'il maniait si habilement que personne ne pouvait l'approcher. Des Français tombent percé de l'épieu. Clisson plein de colère s'approche alors, d'un coup de hache il brise en deux morceaux l'épieu. Folisset saisit l'épée et en frappe Clisson... Elle se brise sur la cuirasse de Clisson. Et le, dernier Anglais mit le genou à terre demandant grâce.

... Ainsi se termine cette bataille de Pontvallain où la ruse, l'habileté, la vaillance de Du Guesclin, aidé du dévouement de ses fidèles compagnons, firent merveille.

Avant de quitter la région, Bertrand place dans toutes les villes des garnisons françaises afin qu'elles ne retombent pas au pouvoir de l'envahisseur. Tranquille de ce côté, il décide d'aller voir le roi.

Duguesclin et le roi

Tout en marchant vers Paris, Bertrand est fort préoccupé. De toutes les richesses prises aux Anglais à Pontvallain, il n'a rien gardé pour lui. Toutes ont été distribuées aux soldats. Bien mieux il a, lui Du Guesclin, distribué ses biens, ses trésors personnels à ses capitaines pour payer les soldes... Et maintenant qu'il ne lui reste rien, que va-t-il faire ? Comment payer les garnisons qu'il a placées dans les villes prises aux Anglais ? Comment constituer la nouvelle armée qui va chasser définitivement l'Anglais hors de France ? Soucieux, il se fait annoncer auprès du roi.

Ce dernier le reçoit comme son sauveur.

— Soyez le bienvenu, Bertrand Du Guesclin.

Et il lui tend la main pour lui montrer qu'il a pour lui une considération particulière. Le roi continue en l'assurant de toute sa gratitude. Il va jusqu'à lui dire qu'il l'aime lui seul plus que tous les autres sujets... Bertrand écoute tout cela avec impatience. Et comme il n'a guère l'habitude de se payer de vent et de fumée, il ne dissimule pas plus longtemps ce qui lui tient au cœur :

— Sire, je m'en aperçois difficilement, car vous m'avez ôté toute liberté d'action. Maudit soit l'argent qui se tient ainsi caché plutôt que de servir à ceux qui font la guerre à vos ennemis.

— Tranquillisez-vous, Du Guesclin, je vous promets d'ouvrir mes coffres pour payer vos troupes du printemps prochain.

— Et de quoi donc, Sire, vivront les garnisons que j'ai laissées aux frontières ? Faudra-t-il qu'elles pillent les pauvres paysans de la campagne pour subsister ?

— Bertrand, vous aurez vingt mille francs dans un mois.

— Hé quoi ! Sire, il y aura à peine pour un déjeuner... Je vois bien qu'il me faudra quitter la France, car je n'y trouve plus de quoi vivre.

Le roi essaie de le radoucir.

— Je ne peux lever de grandes sommes dans le royaume sans épuiser mes sujets.

Alors Du Guesclin lui répond :

— Hé, Sire ! pourquoi ne faites-vous donner cet argent à tous ces gros chaperons fourrés, à savoir prélats et magistrats, qui sont mangeurs de pauvres gens ?

Le roi ne sait plus que répondre et lui fait compter immédiatement l'argent nécessaire à payer les troupes.

Bertrand repart pour la frontière aussi satisfait qu'il était venu mécontent et soucieux.

La fin de Duguesclin

LE 13 JUILLET 1380, Bertrand est au siège du château de Randan en Auvergne.

Fidèle à sa coutume et pour épargner des vies humaines, il engage le gouverneur du château à se rendre, car il est décidé à ne pas lever le siège avant la victoire. Le gouverneur refuse.

— Eh bien ! dit Bertrand, je ne partirai pas de là avant d'avoir ce château en mon pouvoir.

Et il donne l'ordre du premier assaut. Mais les assiégés repoussent vigoureusement l'attaque.

Bertrand aurait sans doute renouvelé lui-même l'assaut si, soudain, il n'était tombé malade sous sa tente.

Le mal s'aggrave très vite. Bientôt chacun est certain, et Bertrand le premier, qu'il ne se relèvera pas.

Étendu sur son lit, Bertrand songe à toute sa vie,

,mais d'abord il songe à son pays, à la France, pour laquelle il a tant combattu.

Va-t-il mourir là, manquer à la promesse qu'il a faite de ne pas quitter ce pays sans avoir pris le château de Randan ?

Non. Et il va couronner sa carrière d'une dernière ruse.

Il appelle auprès de lui le maréchal de Sancerre.

— Allez dire au gouverneur de Randan que, s'il prétend arrêter plus longtemps une armée française devant la place, je le ferai pendre à l'une de ses portes, après l'avoir prise d'assaut. Allez !

Chez les Anglais tout le monde ignorait que Bertrand était à la dernière extrémité.

Quelle ne fut pas la surprise du gouverneur de Randant, quand il pénétra sous la tente de Du Guesclin, de s'apercevoir qu'il se rendait et donnait les clefs du château à un agonisant !

Et Bertrand Du Guesclin poussa son dernier soupir.

Jusqu'au bout il avait bien servi la France. Depuis qu'il guerroyait contre les Anglais, il avait presque réussi à les chasser entièrement de France.

Imp. I. P. C. A., 7, rue Darboy, Paris (11°).

COLLECTION
JEUNESSE HEROIQUE

PUBLIÉE AVEC LE CONCOURS DE L'ASSOCIATION NATIONALE DES ANCIENS FRANCS-TIREURS ET PARTISANS FRANÇAIS

Déjà parus :

*1. A L'ASSAUT DE LA CITADELLE
*2. LE TRAIN INFERNAL
*3. SUR LES BARRICADES DE MARSEILLE
4. A L'OMBRE DU QUARTIER LATIN
5. MATRICULE 201
6. FEU-FOLLET
7. ÉQUIPE DE NUIT
8. QUI A TRAHI ?
9. LA BELLE VENGEANCE DE BLEUETTE
10. L'ARME AU POING
11. ROLAND LE PALADIN DU MAQUIS
12. CRISTINO LE GUERILLERO
13. LE CAPITAINE DES DIABLES NOIRS
14. DÉPART A L'AUBE
15. DERNIÈRE ESCALE
16. TRENTE HOMMES DOIVENT MOURIR
17. FOSSE VINGT-TROIS
18. ON S'EST BATTU CONTRE LA MORT

19. LE CONVOI NE PASSERA PAS
20. GUERILLA EN MONTAGNE
21. LES ÉVADÉS DE L'ENFER
22. LA SOURICIÈRE
23. A LA GRENADE
24. L'ÉCOLE DU MAQUIS
25. L'ÎLOT EN FLAMMES
26. ÉCHAPPÉ A LA POTENCE
27. LE SECRET DES MONTAGNES
28. LA VEDETTE FANTÔME
29. VICTOIRE AU FOND DE L'EAU
30. SELON PLAN PRÉVU
31. ET L'ACIER FUT TREMPÉ
32. COMME UNE GRANDE FÊTE
33. L'EMBUSCADE
34. LE FRANC-TIREUR DU CIEL
35. LA FIN DU VENGEUR
36. LE MAQUIS SOUTERRAIN
37. LA CHASSE AU CAÏMAN-SORCIER
38. CEUX QUI AVAIENT L'ESPOIR
39. CHAN SOUNG, FILS DE FLAMMES

Les numéros précédés d'un astérisque (*) sont épuisés.

En préparation :

LE POSTE NE RÉPONDRA PLUS
CHARGEMENT DANGEREUX
LA MORT PAR T.S.F.

12^{Frs}